AF177758

So wird es gemacht:

Öffne das LÜK®-Kontrollgerät und lege die Plättchen in den unbedruckten Deckel. Jetzt kannst du auf den Plättchen und im Geräteboden die Zahlen 1. bis 24 sehen. Für die Übungen in diesem Heft benötigst du nur die Plättchen 1 bis 12 .

So arbeitest du weiter, bis alle Plättchen im Geräteboden liegen. Schließe dann das Gerät und drehe es um. Öffne es von der Rückseite. Wenn du das bei der Übungsreihe abgebildete Lösungsmuster siehst, hast du alle Aufgaben richtig gelöst.

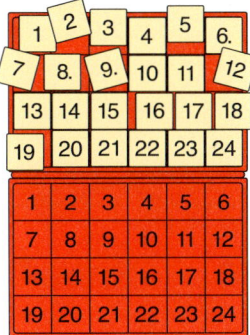

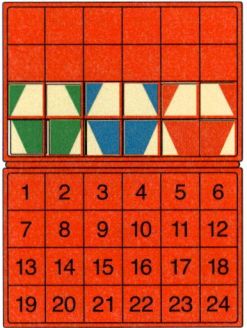

Beispiel: Seite 2

A a : Nimm das Plättchen 1. und sieh dir Aufgabe 1. an.
In welchem der beiden Wörter hörst du ein **A**? Bei „Ameise" hörst du am Anfang **A**. Lege also Plättchen 1. auf die Ziffer 1 im Kontrollgerät. Die Aufgabenziffer muss dabei nach oben zeigen.

Passen einige Plättchen nicht in das Muster, dann hast du dort Fehler gemacht. Drehe diese Plättchen da, wo sie liegen um und öffne es wieder. Jetzt kannst du sehen, welche Aufgaben du falsch gelöst hast. Nimm diese Plättchen heraus und suche die richtigen Ergebnisse. Kontrolliere dann noch einmal. Stimmt jetzt das Muster? Das System ist für alle Übungen gleich: Die roten Aufgabenziffern im Heft entsprechen immer den miniLÜK-Plättchen aus dem Kontrollgerät. Die Feldzahlen bei den Lösungen sagen dir, auf welche Felder im Kontrollgerät die Plättchen gelegt werden.

Und nun viel Spaß!

1	2	3	4	5	6
7	8	9	10	11	12
13	14	15	16	17	18
19	20	21	22	23	24

LÜK® – Begründet von Heinz Vogel
Autorin dieses Heftes: Kirstin Jebautzke
Gestaltung und Herstellung: Sigert GmbH Druck- und Medienhaus
Druck und Verarbeitung: westermann druck GmbH, Braunschweig
© 2019 Georg Westermann Verlag GmbH, Braunschweig 2020 2019
ISBN 978-3-8377-4844-4

FSC
MIX
Papier
FSC® C009717

In welchem Wort hörst du **A a**?

A
a

1.		2.		3.	
(Ameise)	1	(Ball)	3	(Ampel)	6
(Spinne)	9	(Schuh)	6	(Ufo)	5
4.		5.		6.	
(Löffel)	1	(Apfel)	12	(Nase)	4
(Gabel)	2	(Kiwi)	3	(Mund)	2

Wo hörst du das **A a** – am Wortanfang oder am Wortende?

7.	X _	6	8.	X _	8	9.	X _	12
	_ X	10		_ X	4		_ X	5
10.	X _	11	11.	X _	7	12.	X _	9
	_ X	5		_ X	8		_ X	7

L l

Hörst du in dem Wort **L l**? Ja 🙂 oder nein 🙁 ?

L
l

1.
9   11

2.
3   11

3.
8   12

4.
10   1

5.
7   1

6.
12   2

Wo hörst du das **L l**?

7.
X | | 5
| | X | 2

8.
X | | 9
| | X | 3

9.
X | | 7
| | X | 10

10.
X | | 5
| | X | 2

11.
X | | 6
| | X | 4

12.
X | | 6
| | X | 8

E e

In welchem Wort hörst du **E e**?

E
e

1.	2.	3.
7	5	4
3	11	11

4.	5.	6.
8	10	12
10	9	2

Wie viele Silben hörst du?

7.	8.	9.
1 6 5	1 3 10	8 3 5

10.	11.	12.
9 12 2	11 2 9	4 7 6

Hörst du in dem Wort **O o**?

1. 2   8
2. 12   6
3. 10   11
4. ~~7~~   4
5. ~~7~~   3
6. 11   10

Wie viele Silben hörst du?

7. 5   2   12
8. 5   12   1
9. 4   10   9
10. 11   4   6
11. 2   8   4
12. 3   6   ~~7~~

M m

In welchem Wort hörst du **M m**?

M
m

1. 7
8

2. 10
12

3. 11
1

4. 7
4

5. 6
3

6. 5
9

Wo hörst du das **M m**?

7. X ☐ 4
☐ X 9

8. X ☐ 11
☐ X 2

9. X ☐ 12
☐ X 8

10. X ☐ 10
☐ X 5

11. X ☐ 1
☐ X 2

12. X ☐ 3
☐ X 6

S s

Hörst du in dem Wort **S s**?

S

s

1.
12   11

2.
8   2

3.
12   9

4.
11   10

5.
3   5

6.
7   1

Mit welcher Silbe beginnt das Wort?

7.
So 1   Se 12

8.
Sa 5   So 4

9.
So 8   Sa 10

10.
la 7   le 4

11.
Am 6   Em 5

12.
La 2   Lo 3

I i

In welchem Wort hörst du **I i**?

1.		2.		3.	
	2		3		5
	6		9		4
4.		5.		6.	
	1		1		10
	2		11		12

Wie viele Silben hörst du?

7.			8.			9.		
1	3	11	5	2	7	12	3	6
10.			11.			12.		
4	9	12	2	8	10	9	4	1

In welchem Wort hörst du **T t**?

T
t

1.		2.		3.	
	7̶		3		6
	1		9		12

4.		5.		6.	
	2		11		1
	10		8		4

Welches Wort passt zum Bild?

7.	8.	9.	10.	11.	12.
Salat	Tomate	Tasse	Limo	Esel	Salami
12	10	8	9	5	7̶

R r

Wie viele Silben hörst du?

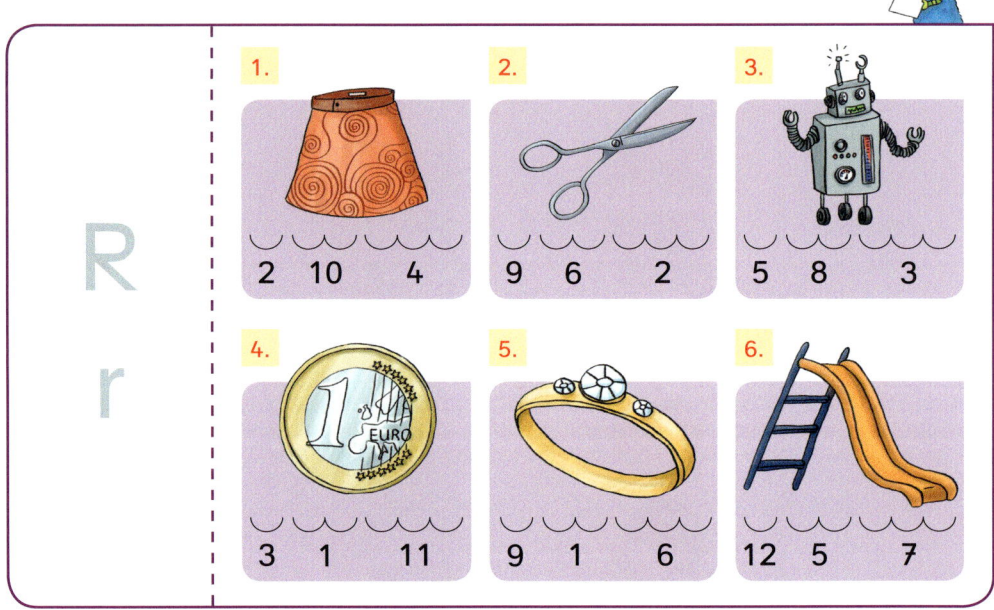

R
r

1.	2.	3.
2 10 4	9 6 2	5 8 3

4.	5.	6.
3 1 11	9 1 6	12 5 7

Welche Silben bilden das richtige Wort?

7.	8.	9.	10.	11.	12.
Rol	Trom	Rit	Ro	Ras	Mes
sel	ter	ser	mel	ler	se
8	4	12	7	11	10

N n

Wo hörst du **N n**?

N
n

1.
X			3
	X		6
		X	10

2.
X			12
	X		1
		X	5

3.
X			7
	X		2
		X	3

4.
X			11
	X		4
		X	2

5.
X			5
	X		8
		X	9

6.
X			6
	X		8
		X	1

Welches Bild passt?

11

12

9

7. Laterne

8. rote Rosen

9. Insel im Meer

10. Ole mit Eltern

11. Enten im Nest

12. Oma mit Rosen

1

7

10

U u

In welchem Wort hörst du **U u**?

U

u

1.
10
11

2.
7
9

3.
11
10

4.
12
5

5.
3
8

6.
8
7

Welches Wort passt?

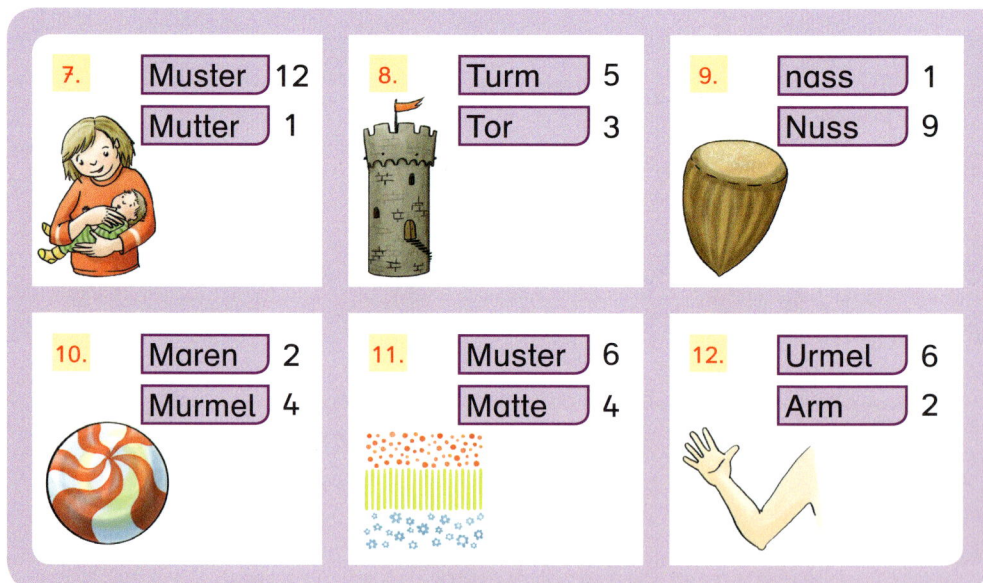

7. Muster 12 / Mutter 1

8. Turm 5 / Tor 3

9. nass 1 / Nuss 9

10. Maren 2 / Murmel 4

11. Muster 6 / Matte 4

12. Urmel 6 / Arm 2

D d

Wo hörst du **D d**?

D
d

1.		2.		3.	
X	4	X	11	X	7
X	7	X	2	X	4
X	8	X	10	X	9

4.		5.		6.	
X	8	X	12	X	12
X	11	X	10	X	3
X	1	X	5	X	6

Welches Wort passt zum Bild?

7.	8.	9.	10.	11.	12.
Dose	Radio	Adler	Domino	Nadel	Erde und Mond
3	2	6	1	9	5

F f

Wo hörst du **F f**?

F
f

1.
X			10
	X		8
		X	3

2.
X			4
	X		1
		X	12

3.
X			10
	X		6
		X	8

4.
X			7
	X		11
		X	5

5.
X			2
	X		3
		X	12

6.
X			9
	X		11
		X	7

Was passt zusammen?

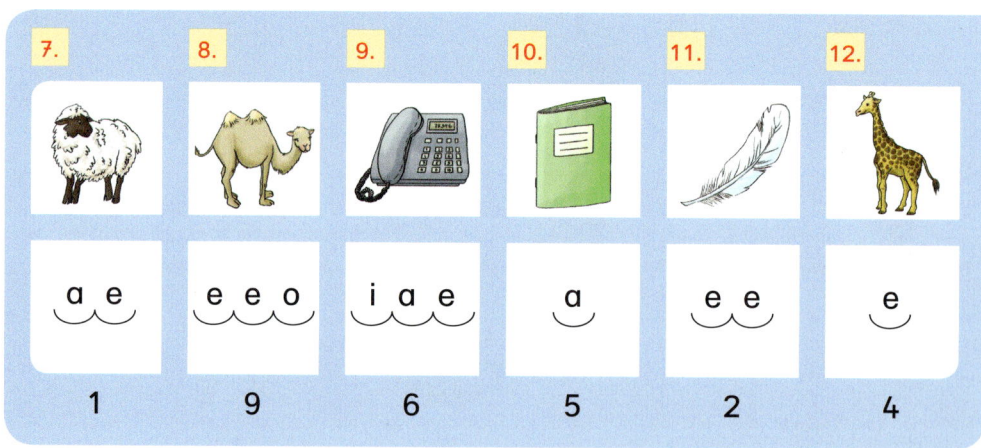

7.
a e

8.
e e o

9.
i a e

10.
a

11.
e e

12.
e

1   9   6   5   2   4

ch

Wie klingt das **ch**?

	ch in Dach	ch in ich
1.	10	7
2.	12	9
3.	12	7
4.	9	5
5.	1	2
6.	3	11

Welches Wort passt?

7.	Elch 2 / Tuch 6
8.	Licht 4 / Milch 10
9.	acht 11 / Dach 8
10.	nicht 4 / Milch 1
11.	Drache 3 / Nacht 8
12.	Esel 1 / Elch 5

Was passt zusammen?

1. i — 9
2. a e — 8
3. i a — 10
4. i u i — 5
5. u e — 7
6. a i a — 11

Welcher Satz passt zu welchem Bild?

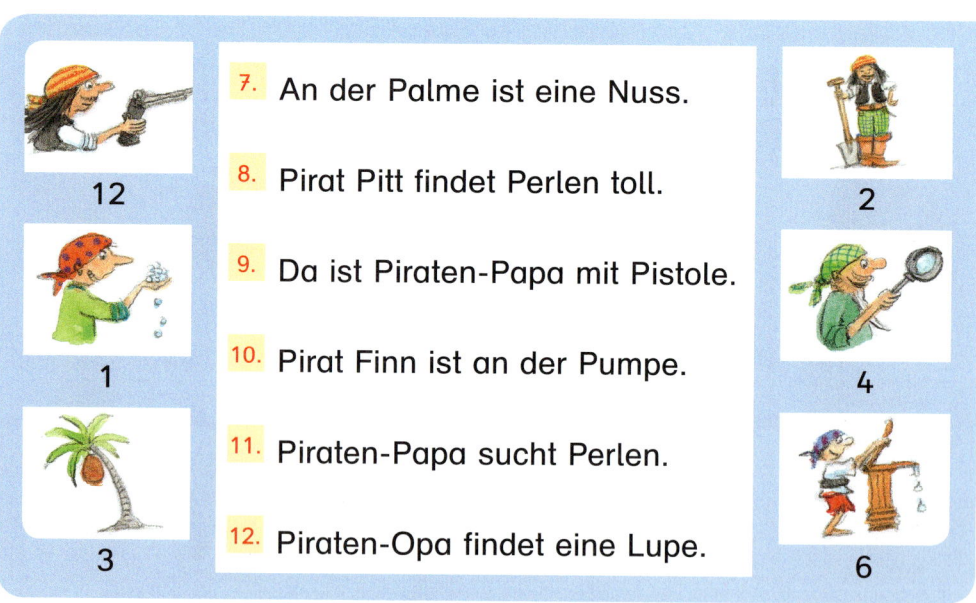

12

7. An der Palme ist eine Nuss.

2

1

8. Pirat Pitt findet Perlen toll.

9. Da ist Piraten-Papa mit Pistole.

4

10. Pirat Finn ist an der Pumpe.

3

11. Piraten-Papa sucht Perlen.

12. Piraten-Opa findet eine Lupe.

6

Wo hörst du **Sch sch**?

Sch

sch

1.

X			2
	X		6
		X	12

2.

X			8
	X		11
		X	9

3.

X			5
	X		10
		X	4

4.

X			3
	X		11
		X	1

5.

X			6
	X		11
		X	9

6.

X			7
	X		10
		X	4

Welches Wort passt?

7.
mischen 4
Muschel 3

8.
Schal 11
Schaf 7

9.
Tisch 7
Tasche 6

10.
Schere 12
Schule 6

11.
schlapp 1
Schloss 8

12.
Frucht 3
Fisch 4

ein oder **eine**?

	ein	eine	
1.	12	1	
2.	3	6	
3.	6	2	
4.	1	2	
5.	11	9	
6.	4	10	

Welches Wort passt zum Bild?

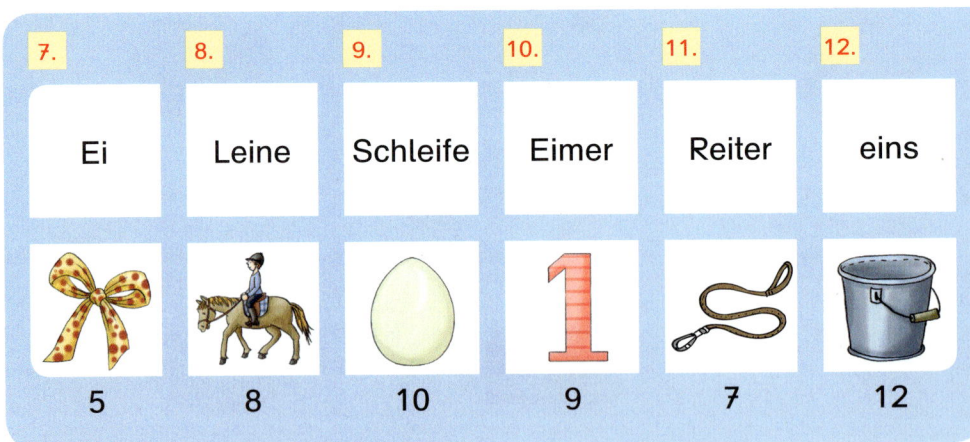

7.	8.	9.	10.	11.	12.
Ei	Leine	Schleife	Eimer	Reiter	eins
5	8	10	9	7	12

K k

Wie viele Silben hörst du?

K
k

	1.	2.	3.
	4 10 5	11 9 2	4 5 6
	4.	5.	6.
	8 11 3	10 11 3	7 12 1

Welche Wörter reimen sich?

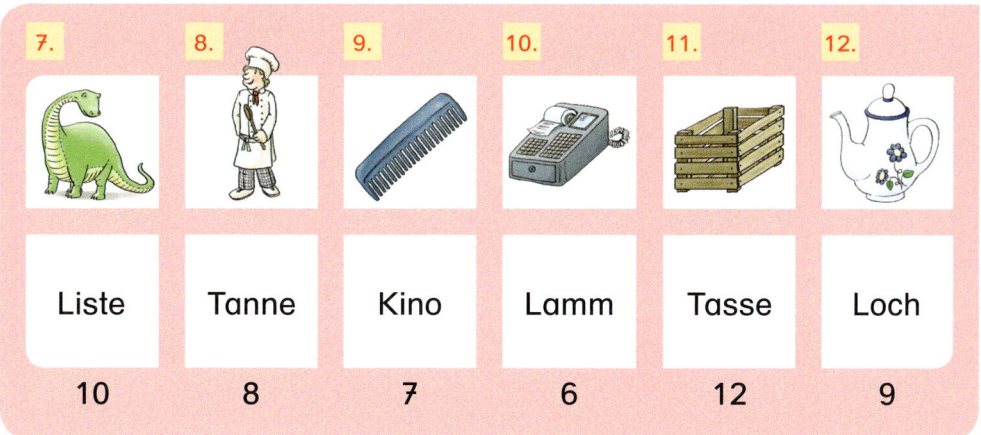

7.	8.	9.	10.	11.	12.
Liste	Tanne	Kino	Lamm	Tasse	Loch
10	8	7	6	12	9

Au au

Wo hörst du **Au au**?

Au

au

1.

X			1
	X		10
		X	12

2.

X			6
	X		3
		X	4

3.

X			9
	X		6
		X	2

4.

X			11
	X		2
		X	8

5.

X			3
	X		12
		X	1

6.

X			5
	X		7
		X	4

der, die oder **das**?

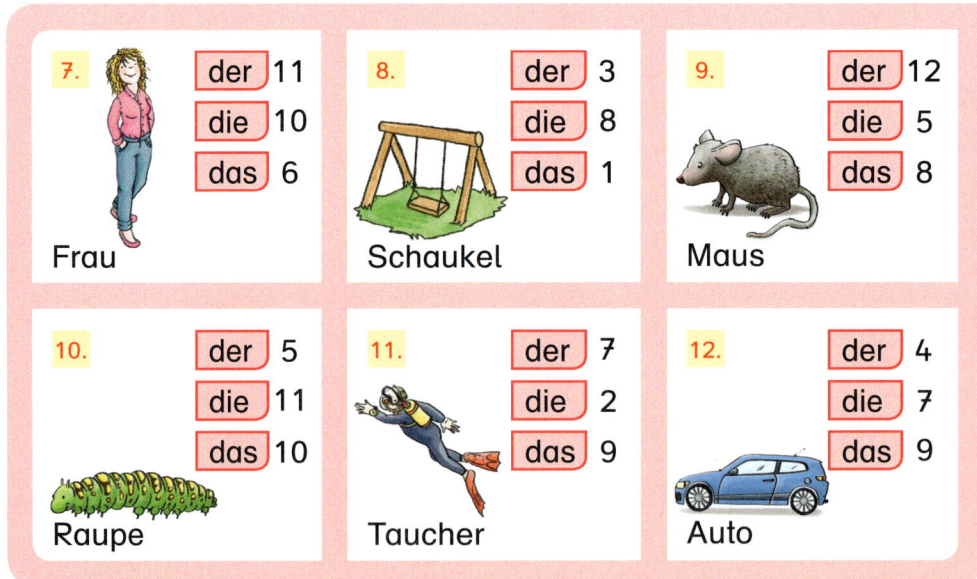

7.

der	11
die	10
das	6

Frau

8.

der	3
die	8
das	1

Schaukel

9.

der	12
die	5
das	8

Maus

10.

der	5
die	11
das	10

Raupe

11.

der	7
die	2
das	9

Taucher

12.

der	4
die	7
das	9

Auto

Rückgabe
Thalia Buch-
handlung
bis 31.01.2026

Rückzahlung
Geld in Buch-
handlung erfragen

Für Vollständigkeit und Aktualität des Medikationsplans wird keine Gewähr übernommen.

de-DE Version 2.6

ifap

  H h

Hörst du in dem Wort **H h**?

H
h

1. 9 10

2. 11 4

3. 8 7

4. 10 12

5. 1 11

6. 12 8

Welches Wort passt zum Bild?

7.	8.	9.	10.	11.	12.
der Hund	das Haus	der Hammer	die Hose	der Himmel	der Hut
4	2	3	5	6	7

21

Wie viele Silben hörst du?

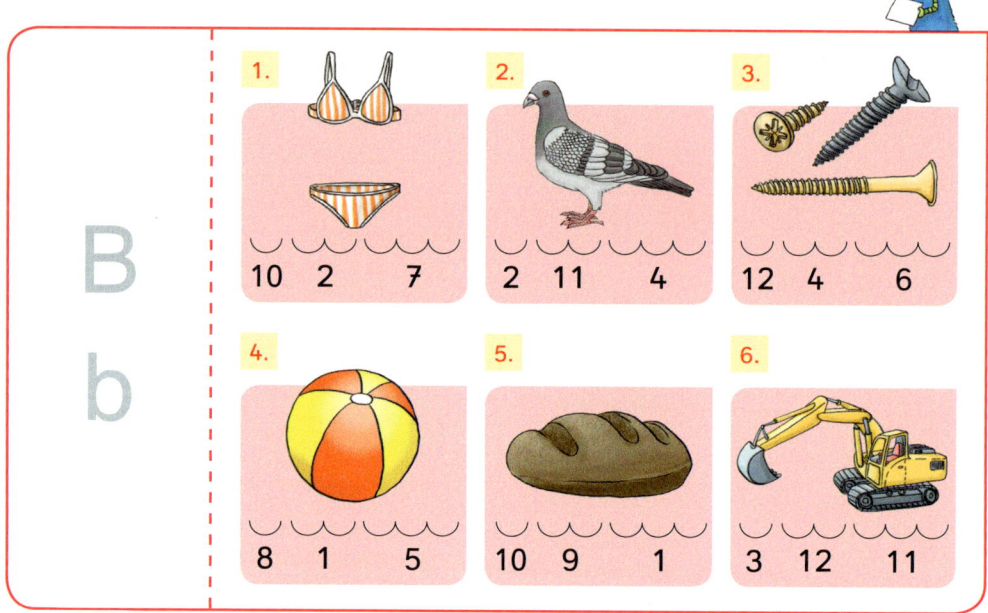

	1.	2.	3.
B b	10 2 **7**	2 11 4	12 4 6
	4.	5.	6.
	8 1 5	10 9 1	3 12 11

Wo sind die Kinder? Welches Wort passt?

7.	8.	9.
Ole ___ dem Tisch	Ella ___ Bett	Ali ___ dem Esel
10.	11.	12.
Bela ___ Fenster	Ole ___ Ball	Lea ___ der Uhr

am	auf	im	mit	neben	unter
9	3	1	2	6	5

Z z

Wo hörst du **Z z**?

Welches Wort passt?

23

W w

Wie viele Silben hörst du?

W
W

1.
8　2　　5

2.
11　10　　6

3.
1　11　　9

4.
3　7　　5

5.
6　4　　12

6.
8　9　　10

Schau genau – was passt nicht dazu?

7.	8.	9.	10.	11.	12.
10	See 3	11	Schwein 10	1	Wald 8
4	Meer 11	5	Schwan 2	6	Wurst 7
11	Wolke 2	9	Fisch 5	12	Frosch 3
9	Fluss 6	12	Löwe 8	2	Wolf 11

In welchem Wort hörst du **G g**?

G

g

1.	2.	3.
9	12	7
10	1	8
4.	5.	6.
3	2	12
9	6	11

Welches Wort passt zum Bild?

7.	8.	9.	10.	11.	12.
das Auge	der Nagel	die Gurke	das Gras	die Giraffe	der Igel
3	1	6	8	5	4

Pf pf

Hörst du in dem Wort **Pf pf**?

Pf

pf

1. 😊 6   😕 12

2. 😊 8   😕 2

3. 😊 9   😕 7

4. 😊 11   😕 10

5. 😊 12   😕 3

6. 😊 7   😕 9

Welches Wort passt?

7. Pferd 8 / Pfeil 1

8. Topf 5 / Kopf 11

9. Pfeil 1 / Pfeife 10

10. Kopf 4 / Knopf 3

11. Apfel 5 / Affe 6

12. Koffer 2 / Knopf 4

Was gehört zusammen?

1.	ein Hut		drei Äste	7
2.	ein Ball		drei Knöpfe	9
3.	ein Korb		drei Bücher	5
4.	ein Ast		drei Hüte	8
5.	ein Buch		drei Bälle	10
6.	ein Knopf		drei Körbe	11

Wie geht es weiter?

7.	Der Löwe lebt	Äpfel und Nüsse.	2
8.	Der Bär schläft	im Tümpel.	12
9.	Frösche schwimmen	auf dem Bauernhof.	6
10.	Gänse schnattern	in Afrika.	3
11.	Die Königin isst	auf dem Löwenzahn.	4
12.	Der Käfer krabbelt	in der Höhle.	1

Eu eu

In welchem Wort hörst du **Eu Eu**?

Eu

eu

1.	2
	10
2.	9
	4
3.	5
	2
4.	12
	1
5.	11
	7
6.	5
	10

Schau genau – was passt nicht dazu?

7.	8.	9.	10.	11.	12.
Papagei	neun	Freund	klein	Kreuz	Feuer
6	8	10	12	8	1
Eule	neunzig	Haus	neu	Ufo	Teufel
11	5	6	9	2	7
Taube	Schule	Freundin	alt	Auto	Schaf
10	7	4	3	5	4
Euro	drei	Freunde	fünf	Flugzeug	Beule
3	3	2	12	10	9

Hörst du in dem Wort **Sp sp**?

Welches Wort passt zum Bild?

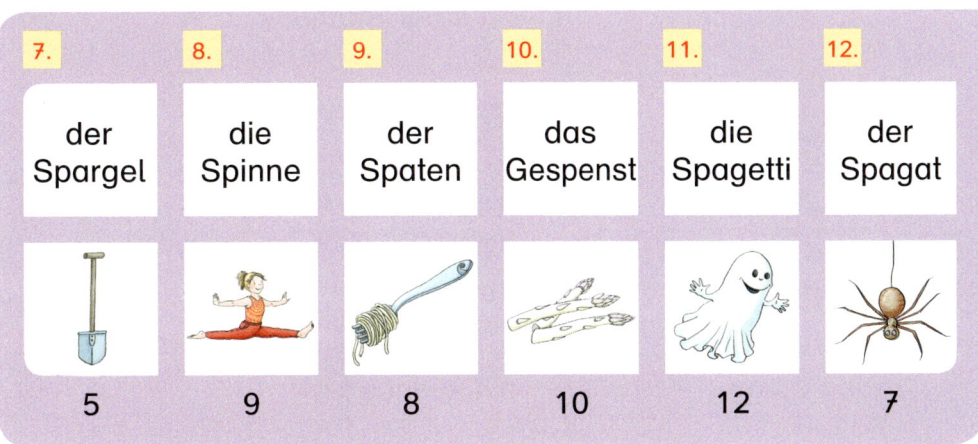

ie

Welches Wort passt?

1. Spargel 8
   Spiegel 2

2. Ziege 6
   Zirkus 11

3. Fliege 3
   Pfeife 12

4. Sieb 3
   sieben 1

5. Beine 4
   Biene 9

6. Rasen 2
   Riese 5

Wie geht es weiter?

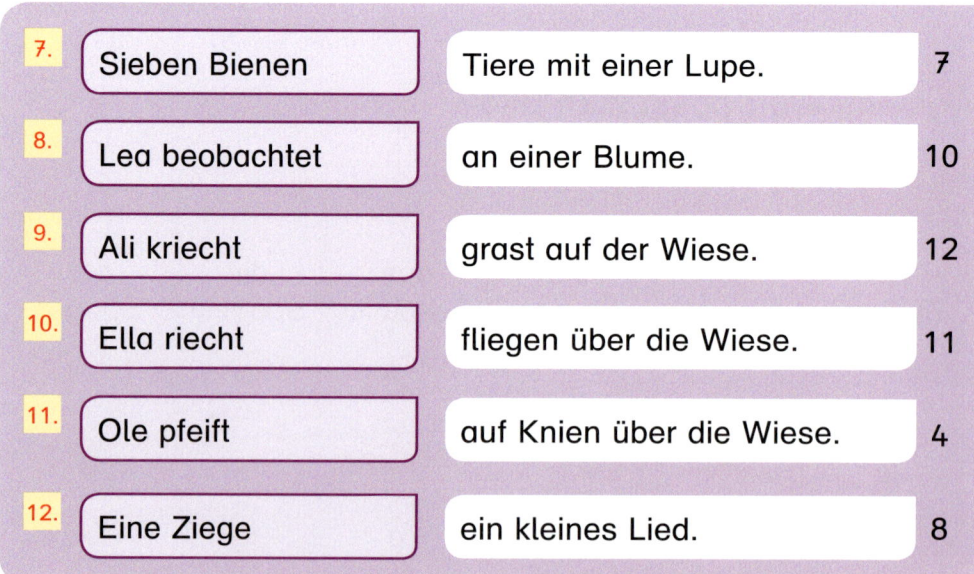

7. Sieben Bienen	Tiere mit einer Lupe.	7
8. Lea beobachtet	an einer Blume.	10
9. Ali kriecht	grast auf der Wiese.	12
10. Ella riecht	fliegen über die Wiese.	11
11. Ole pfeift	auf Knien über die Wiese.	4
12. Eine Ziege	ein kleines Lied.	8

äu

Was gehört zusammen?

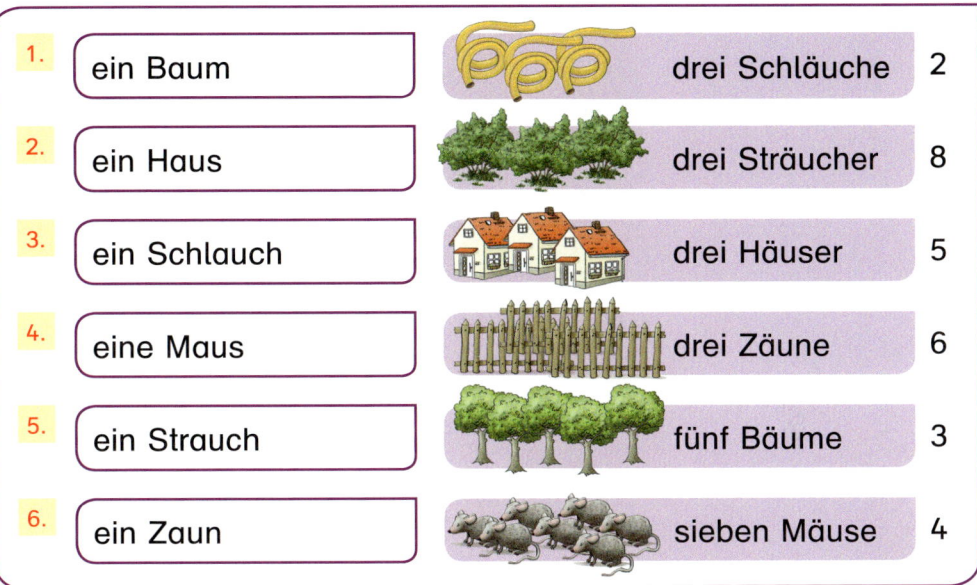

1.	ein Baum		drei Schläuche	2
2.	ein Haus		drei Sträucher	8
3.	ein Schlauch		drei Häuser	5
4.	eine Maus		drei Zäune	6
5.	ein Strauch		fünf Bäume	3
6.	ein Zaun		sieben Mäuse	4

Richtig oder falsch?

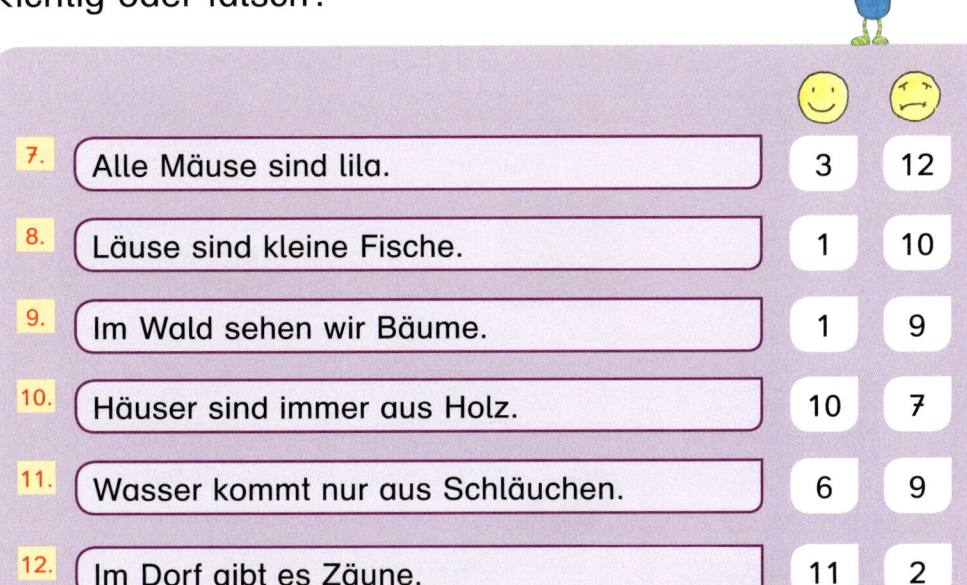

		😊	😟
7.	Alle Mäuse sind lila.	3	12
8.	Läuse sind kleine Fische.	1	10
9.	Im Wald sehen wir Bäume.	1	9
10.	Häuser sind immer aus Holz.	10	7
11.	Wasser kommt nur aus Schläuchen.	6	9
12.	Im Dorf gibt es Zäune.	11	2

Qu qu

Wie viele Silben hörst du?

Qu
qu

1. Qualle
4 11 12

2. Quirl
7 9 2

3. Querflöte
2 7 10

4. Qualm
12 8 3

5. Quiesel
6 3 11

6. Quadrat
12 8 7

Welches Wort passt?

7. Quatsch 4
Qualm 1

8. Quark 10
Quadrat 5

9. Auto 9
Aquarium 2

10. Quirl 12
Quiesel 4

11. Kaufhaus 7
Kaulquappe 6

12. quasselt 5
Quark 2

Wo hörst du **J j**?

J

j

1.	X		7
		X	5
		X	8

2.	X		6
		X	11
		X	9

3.	X		2
		X	4
		X	12

4.	X		8
		X	1
		X	10

5.	X		10
		X	3
		X	11

6.	X		12
		X	7
		X	4

Richtig oder falsch?

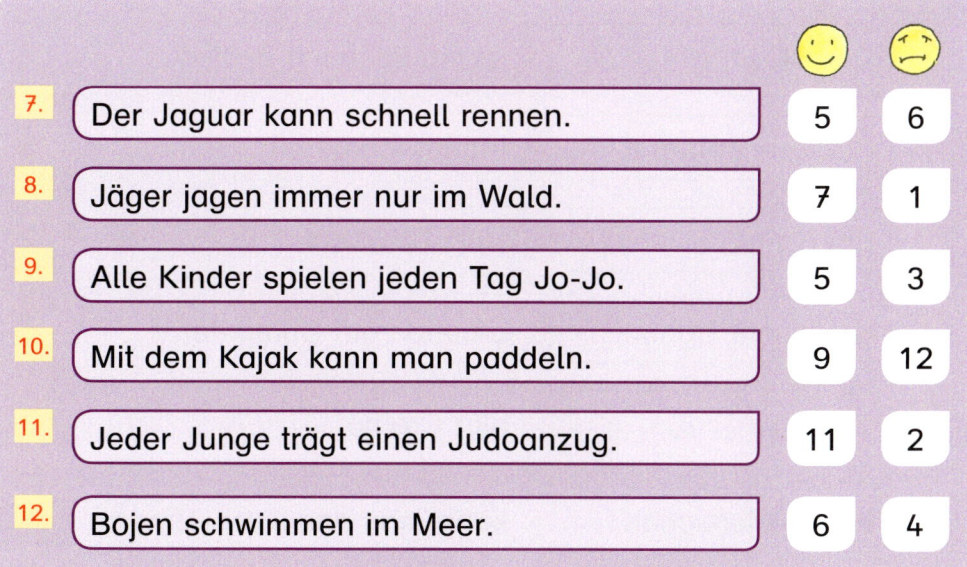

		☺	☹
7.	Der Jaguar kann schnell rennen.	5	6
8.	Jäger jagen immer nur im Wald.	7	1
9.	Alle Kinder spielen jeden Tag Jo-Jo.	5	3
10.	Mit dem Kajak kann man paddeln.	9	12
11.	Jeder Junge trägt einen Judoanzug.	11	2
12.	Bojen schwimmen im Meer.	6	4

Welches Wort passt?

1.	Klasse	2	2.	Comic	12	3.	Creme	10
	Clown	8		Cent	6		Clown	4

4.	Quiesel	5	5.	Cello	1	6.	Cent	11
	Computer	7		Cabrio	3		Creme	10

Wie geht es weiter?

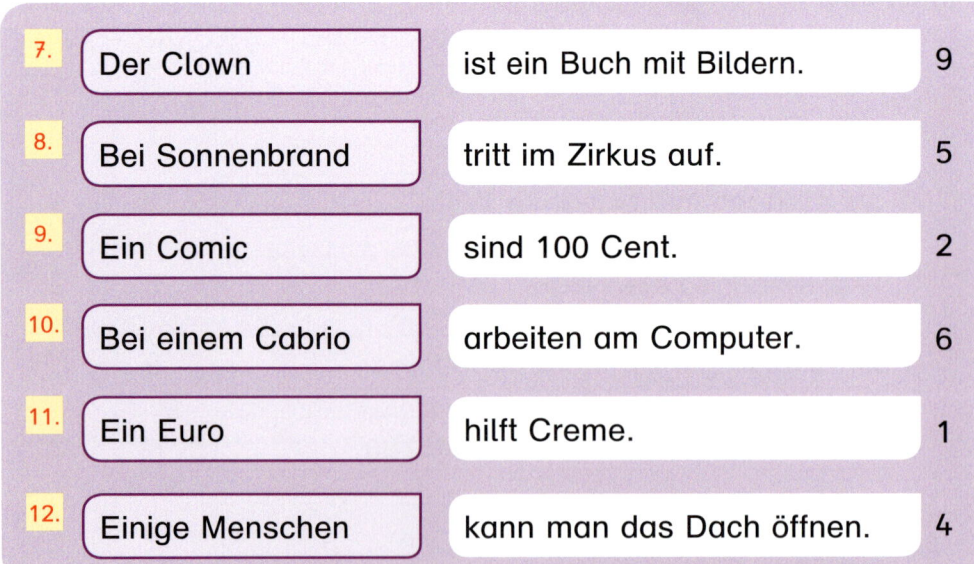

7.	Der Clown	ist ein Buch mit Bildern.	9
8.	Bei Sonnenbrand	tritt im Zirkus auf.	5
9.	Ein Comic	sind 100 Cent.	2
10.	Bei einem Cabrio	arbeiten am Computer.	6
11.	Ein Euro	hilft Creme.	1
12.	Einige Menschen	kann man das Dach öffnen.	4

V v

Welche Silben bilden das richtige Wort?

1. Kla	2. Vam	3. Va	4. Vul	5. Voll	6. Vo
pir	kan	gel	vier	mond	se
10	7	9	8	6	11

Wie klingt das **V v** in dem Wort?

	V klingt wie F	V klingt wie W
7. der Pullover	11	4
8. der Vorhang	2	5
9. die Vier	12	8
10. der Vampir	7	5
11. der Vollmond	1	4
12. der Vater	3	10

 **St st**

Hörst du in dem Wort **St st**?

St

st

	1.	2.	3.
	☺ 10 ☹ 8	☺ 11 ☹ 12	☺ ~~7~~ ☹ 12
	4.	5.	6.
	☺ 10 ☹ 9	☺ 2 ☹ 9	☺ 11 ☹ 2

Wo hörst du **Sp**? Wo hörst du **St**?

		Sp	St
7.	der _ern ⭐	5	6
8.	das _iel	4	1
9.	der _iegel	8	6
10.	der _achel	3	1
11.	der _ift	~~7~~	3
12.	der _ein	4	5

Ch

Wie geht es weiter?

1.	Christof steht	kann seine Farbe wechseln.	9
2.	Christine singt	leben viele Menschen.	3
3.	Das Chamäleon	hinter dem Sofa.	12
4.	Viele Köche	arbeiten auch in der Nacht.	11
5.	In China	gibt es nur im Märchen.	7
6.	Drachen	im Chor.	8

Welche Wörter reimen sich?

7.	8.	9.	10.	11.	12.
Koch	wach	Buch	lachen	Licht	Rauch
Tuch	nicht	Bauch	doch	machen	Dach
10	6	2	1	4	5

ß

Welche Wörter reimen sich?

1.	2.	3.	4.	5.	6.
heiß	fließen	groß	Füße	beißen	dreißig
Grüße	heißen	Floß	weiß	fleißig	gießen
1	11	5	2	10	9

Was ist das?

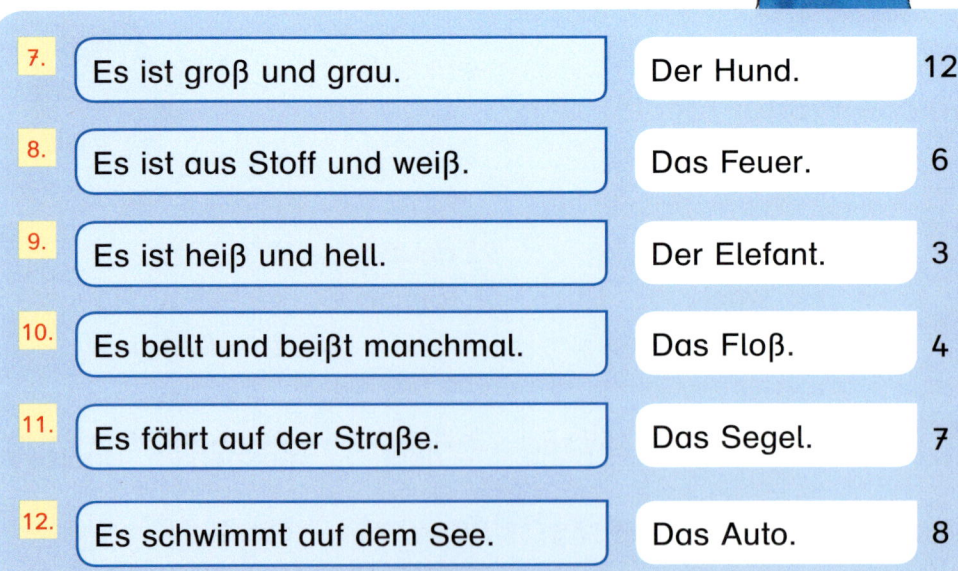

7.	Es ist groß und grau.	Der Hund.	12
8.	Es ist aus Stoff und weiß.	Das Feuer.	6
9.	Es ist heiß und hell.	Der Elefant.	3
10.	Es bellt und beißt manchmal.	Das Floß.	4
11.	Es fährt auf der Straße.	Das Segel.	7
12.	Es schwimmt auf dem See.	Das Auto.	8

Welche Wörter reimen sich?

1.	2.	3.	4.	5.	6.
trinken	Ring	Schnecke	bringen	Blitz	Bank
Hecke	spitz	Ding	Schrank	winken	singen
6	11	3	4	1	2

Mit welchem Wort endet der Satz?

7.	Das Schiff	sinkt.	10	trinkt.	6
8.	Der Käse ist im	Kühlschrank.	7	Vogelhaus.	8
9.	Im Vogelhaus ist ein	Dackel.	7	Spatz.	5
10.	Opa trägt auf dem Kopf eine	Hose.	2	Mütze.	12
11.	Die Piraten suchen einen	Schatz.	8	Kuchen.	1
12.	Am Mittelfinger trägt er einen	Wurm.	12	Ring.	9

Xx Yy

Welches Wort passt?

1. Tante — 9
   Taxi — 2

2. Mixer — 6
   Axt — 8

3. Saxofon — 2
   Hexe — 3

4. Hobby — 11
   Teddy — 1

5. Pony — 6
   Baby — 9

6. Labyrinth — 10
   Dynamo — 5

Was ist das?

7. Es sieht aus wie ein kleines Pferd. — Einen Mixer. — 12

8. Damit hackt man Holz. — Viele Taxis. — 8

9. Diesen Hut tragen Zauberer. — Mit der Axt. — 7

10. Diese Bauwerke stehen in Ägypten. — Das Pony. — 11

11. Diese Autos warten vor dem Bahnhof. — Einen Zylinder. — 4

12. Dieses Gerät nutzen Bäcker. — Die Pyramiden. — 10